Sarra Graja

Conception et réalisation d'une plateforme de gestion de projet

Montassar Kalai
Sarra Graja

Conception et réalisation d'une plateforme de gestion de projet

Avec le Framework Symfony2

Éditions universitaires européennes

Impressum / Mentions légales
Bibliografische Information der Deutschen Nationalbibliothek: Die Deutsche Nationalbibliothek verzeichnet diese Publikation in der Deutschen Nationalbibliografie; detaillierte bibliografische Daten sind im Internet über http://dnb.d-nb.de abrufbar.
Alle in diesem Buch genannten Marken und Produktnamen unterliegen warenzeichen-, marken- oder patentrechtlichem Schutz bzw. sind Warenzeichen oder eingetragene Warenzeichen der jeweiligen Inhaber. Die Wiedergabe von Marken, Produktnamen, Gebrauchsnamen, Handelsnamen, Warenbezeichnungen u.s.w. in diesem Werk berechtigt auch ohne besondere Kennzeichnung nicht zu der Annahme, dass solche Namen im Sinne der Warenzeichen- und Markenschutzgesetzgebung als frei zu betrachten wären und daher von jedermann benutzt werden dürften.

Information bibliographique publiée par la Deutsche Nationalbibliothek: La Deutsche Nationalbibliothek inscrit cette publication à la Deutsche Nationalbibliografie; des données bibliographiques détaillées sont disponibles sur internet à l'adresse http://dnb.d-nb.de.
Toutes marques et noms de produits mentionnés dans ce livre demeurent sous la protection des marques, des marques déposées et des brevets, et sont des marques ou des marques déposées de leurs détenteurs respectifs. L'utilisation des marques, noms de produits, noms communs, noms commerciaux, descriptions de produits, etc, même sans qu'ils soient mentionnés de façon particulière dans ce livre ne signifie en aucune façon que ces noms peuvent être utilisés sans restriction à l'égard de la législation pour la protection des marques et des marques déposées et pourraient donc être utilisés par quiconque.

Coverbild / Photo de couverture: www.ingimage.com

Verlag / Editeur:
Éditions universitaires européennes
ist ein Imprint der / est une marque déposée de
OmniScriptum GmbH & Co. KG
Heinrich-Böcking-Str. 6-8, 66121 Saarbrücken, Deutschland / Allemagne
Email: info@editions-ue.com

Herstellung: siehe letzte Seite /
Impression: voir la dernière page
ISBN: 978-3-8417-4801-0

Dédicaces

À mes très chers parents Raoudha et Mongi, pour leur amour, leurs sacrifices, leur soutien et leur dévouement. Il n'y a pas de mots qui puissent exprimer toute ma joie, ma gratitude et ma reconnaissance pour tous ce qu'ils ont faits.

À mon très cher frère Mohamed et ma chère sœur Meriem, merci de votre tendresse et de votre affection. Je vous souhaite tout le bonheur et la réussite.

À toute ma famille, particulièrement ma tentes Samia. Pour toute leur tendresse, leur considération et leur soutien permanent et à qui je dois énormément de choses merveilleuses.

À mes chères amies, Asma, Menel, Cyrine, Sawsen, Kawther, Dorra, Farah et Rim. Pour l'amitié qui nous a unies et pour tous les merveilleux moments et les souvenirs partagés.

A l'équipe Insanity qui m'a encourager et soutenu durant la période de ce stage. J'espère de tout cœur que l'avenir nous en réserve encore et toujours.

À tous ceux que j'aime et à tous ceux qui m'aiment, je leur dédie ce travail.

Sarra GRAJA

Dédicaces

Je dédie ce travail à mes parents pour le soutien qu'ils m'ont toujours accordé en toute circonstance, ainsi que pour leur amour et leurs précieux conseils qui m'ont guidé tout au long de ma vie.

Mes dédicaces s'adressent également à mes très chères :

❖ À ma sœur Meniar, pour son amour et son soutien.

❖ À tous mes amis qui ont partagé avec moi les meilleurs moments de ma vie et qui m'ont aimablement soutenu quand j'en avais besoin.

Mes pensées vont aussi à tous ceux qui m'ont aidé de près ou de loin à mener à bien ce travail.

Montassar KALAI

Remerciements

Nous tenons à remercier nos encadreurs, Monsieur Ramzi BENZINA et Monsieur Riadh GHLALA, pour leur confiance, leur disponibilité, leur aide, les conseils qu'ils nous ont prodiguées, leurs critiques constructives, leurs explications et suggestions pertinentes ainsi que pour leurs qualités humaines et morales que nous avons toujours appréciés et respectés.

Nos vives reconnaissances et nos profonds respects s'adressent à Mr Mohamed Ali AZZABI pour nous avoir acceptés au sein de son organisme, ainsi qu'à Mme Monya Ramki pour sa serviabilité et sa disponibilité.

Nous remercions également tout le corps professionnel de l'Institut Supérieur des Etudes Technologiques et plus particulièrement à celui du département de la Technologie de l'Informatique.

Nos remerciements s'adressent aussi aux membres du jury, qui ont bien voulu accepter d'évaluer ce modeste travail.

À tous ceux qui nous ont apporté leurs conseils et leur soutien afin que nous puissions mener à bien ce travail, merci.

Sarra…   Montassar…

تلخيص

يتمثل الهدف الرئيسي من هذا العمل لمشروع نهاية المرحلة الدراسية في تصميم و تطوير برمجيارت لإدارة المشاريع نسبةً المقتضيات شركة.

هذا التطبيق في مرحلته الأولى، يعمل على التحكم و متبعة المشاريع بالإعتماد على مركزة المعلومات و تبادل الوثائق. وسيضمن ذلك إنتاجية أفضل عبر كسب هائل من الموارد الإقتصادية والوقت. وعلى هذا الأساس، ميمنك لمديري المؤسسة القدرة الكاملة على تخطيطها ثم توزيعها على مديري المشاريع الاذين ما سيكون بوسعهم تخصيصها إلى مسؤليات مصغرة. وبالتلي، يتاح للعمال جدول عمل يومي يتمكنو من خلاله تسجيل سير العمل.

Résumé

L'objectif principal de ce travail de Projet de Fin d'Etudes consiste à concevoir et développer une plateforme de gestion de projet adéquatement au besoin de la société « Digital Communication ».

Cette application en sa première phase assurera le contrôle ainsi que le suivi des projets en se basant sur la centralisation de l'information et le partage de documents. Ceci, garantira une meilleure productivité a travers un gain économiques et temporelles importantes. Partant de ce principe, les administrateurs, gérant de la plateforme, auront la main de planifier les projets en les assignant aux chefs de projet. Ces derniers, seront en mesure de diviser les projets en tâches en leur affectant un responsable. Ainsi, les utilisateurs auront leur planning de travail journalier et pourront y marquer l'avancement de leurs travaux.

Abstract

The main purpose of our Graduation Project consists on designing and developing a Project Management System that suits the needs of the company « Digital Communication ».

This application will ensure the control and the monitoring of the projects based on information centralization and document sharing. Thus, it will guarantee a better productivity through important economical and temporal gain. Considering several management techniques the administrators, which means the platform's managers, will get the opportunity to schedule projects and assigning them to the project managers. The latter, will be able to divide them into tasks and decide which person will be in charge of the allocated ones. Therefore users will benefit of a personal schedule where everyone's daily work is planned and in which they are allowed to report the progress.

Sommaire

Table de figures

Introduction générale

La gestion de projet est une discipline qui puise ses racines depuis le XIXe siècle, bien que sa forme moderne ne se soit développée qu'à partir des années 60. L'ère de l'informatique a apporté un renouveau à la gestion d'entreprise en permettant d'automatiser toute une série de tâches que l'on exécutait déjà auparavant à la main.

Au début, les gestionnaires de projets se sont contentés de programmes génériques tels que des tableurs et ont simplement transposé les documents papiers en fichiers informatiques plus ou moins élaborés. Dans les années 80, des logiciels de gestion de projet spécifiques ont vu le jour, afin de regrouper dans un seul et même programme toutes les fonctionnalités nécessaires. Il n'existait à ce moment-là pas encore de notion de mise en réseau de l'information (ou Cloud Computing). De plus ces programmes étaient souvent lourds et peu ergonomiques et seul le gestionnaire de projets avait accès à l'information tant l'apprentissage était difficile.

L'arrivée massive d'internet et du web change radicalement la situation : les systèmes des entreprises sont maintenant, pour la quasi-totalité, reliés à un réseau (que ce soit de l'intranet ou de l'internet). L'information peut de ce fait circuler rapidement à l'intérieur de l'entreprise et même à l'extérieur de celle-ci donc il est devenu nécessaire d'avoir des logiciels de gestion de projet qui soient capables de gérer ce nouvel élément. Il faut maintenant qu'en plus des fonctionnalités de base, le programme soit capable de gérer de multiples utilisateurs, plus le chiffrement des données sensibles, etc.

Le présent projet de fin d'études se doit d'offrir, dans ce monde où la science de l'informatique évolue très rapidement, un service assez raffiné et adéquats répondant particulièrement aux exigences de l'entreprise pour améliorer et évoluer leurs conditions de travail. Dans le cadre de cette évolutivité, il nous a été proposé de développer une plateforme de gestion des projets de l'entreprise plus particulièrement la gestion de projets notamment la gestion de ses tâches, la gestion des utilisateurs, la gestion des documents et la gestion des droits et privilèges.

Ce projet s'enregistre dans le cadre :

➢ D'une recherche et analyse approfondies des spécifications de la Gestion des projets,

1

➢ D'une recherche des outils permettant d'exploiter ces spécifications et de les tester.

➢ d'une implémentation de l'application utilisant le langage de programmation PHP en utilisant le Framework Symfony2, et le système de gestion de base de données MySQL,

➢ et enfin une étude des perspectives de notre travail.

Le principal objectif de ce projet est de mettre en place un système de Gestion des projets au sein de l'entreprise afin de garantir un meilleur suivi de la productivité.

De ce fait, le système se doit de répondre aux contraintes suivantes :

- Performance,
- Evolutivité,
- Fiabilité,
- Garantit de la sécurité des envois.

Afin de retracer le cheminement chronologique de notre travail, ce présent rapport est structuré de la manière suivante :

➢ Le premier chapitre sera dédié à une présentation générale de la société « Digital Communication ». Ce dernier comprendra également une partie critique de l'existant qui couvre les problèmes vécus pour finir enfin par présenter la solution qui remédiera à ces problèmes.

➢ Dans un second chapitre, intitulé « Etat de l'art », nous évoquerons l'état des connaissances relatives à la gestion de projet ainsi que le Framework exploité au cours de ce projet à savoir, le Framework Symfony 2.

➢ Le troisième chapitre sera consacré à l'étude des fonctionnalités du système,

➢ Dans le quatrième chapitre nous nous focaliserons sur la conception,

➢ Et enfin au sein du cinquième et dernier chapitre nous présenterons quelques aspects sur la réalisation.

➢ Ce rapport sera clôturé par une conclusion au cours de laquelle nous présentons les acquis retenus au cours de ce projet ainsi que les perspectives à envisager en vue d'améliorer ses fonctionnalités.

Chapitre 1 : Présentation de la société

Avant d'entamer le présent projet, nous nous offrons de présente un bref descriptif sur l'environnement dans lequel il a été réalisé puis nous enchainerons avec l'étude préalable qui comprendra et la partie critique de l'existant et la solution proposée pour remédier a ces problèmes.

I.   Présentation de la société

Digital Communication est une société 100% Tunisienne, créée et gérée depuis 2002 par Mohamed Ali AZZABI et composée d'une équipe de plus de 20 experts dans le domaine des nouvelles technologies de l'information.

La force de l'équipe réside dans la complémentarité et la synergie active entre les différents postes métiers à savoir :

- Consultants,
- Graphistes designers,
- Ergonomes,
- Intégrateurs,
- Développeurs,
- Référenceurs,
- Stratèges en Webmarketing.

Digital Communication a implanté en 2008 une filiale à Paris en France. Cette filiale a pour objet :

➢ Le développement du marché français grâce à des équipes locales dédiées.
➢ L'amélioration du suivi clientèle sur le territoire français.

A partir de 2009, Web Excellence a prévu un déploiement qualitatif et progressif sur le territoire français.

L'approche de la société repose sur un service global personnalisé commençant par la compréhension du métier client allant du développent de site web à la mise en place des solutions dynamiques sur mesure puis au référencement ciblé des sites web sur les annuaires et les moteurs de recherches internationaux.

Leur objectif est d'offrir une solution web globale personnalisable permettant d'avoir un retour sur investissement.

3

II.   Etude Préalable

Une bonne planification ne suffi pas à elle seule pour conditionne le succès d'une entreprise. En effet, celle-ci doit impérativement être respectée en dépit de tout inconvénient pouvant survenir de l'extérieur. Pour des besoins organisationnels et afin d'améliorer la gestion de ses ressources et de son temps, Digital Communication nous a proposé de concevoir une application de Gestion de Projets répondant exactement à ses besoins.

II.1   Critique de l'existant

La planification et la gestion des projets ne sont pas informatisés. Les avancements ne sont guère fournis et la gestion des priorités est effectuée d'une manière manuelle ce qui entraîne des retards, une perte du temps et par la suite un ralentissement de certaines activités au sein de l'entreprise.

Avec les exigences des clients et l'instabilité de leurs besoins, le planning se voit changer à maintes reprises, du coup, un historique se doit d'être conservé. Aussi en étant confronté à une multitude de projets en parallèles, il devient de plus en plus difficile de contrôler le suivi et le l'avancement des projets sans oublier qu'à chaque nouvelle planification, une recherche sur la disponibilité des membres s'impose. Et enfin, l'information n'est point centralisé et aucune gestion de document n'est mise au point.

D'où, la nécessité d'installation d'un système de gestion de projet facilitant la gestion en question à travers l'automatisation de certaines tâches ainsi que la centralisation de l'information en un seul et même endroit.

II.2   Solution proposée

Avant tout propos, les attentes des différentes parties prenantes par rapport à ce logiciel de gestion de projet sont sensiblement différentes.

En effet, l'administrateur cherche principalement à superviser le travail de tous de la manière la plus aisée qui soit partant d'une vue globale (planning général) jusqu'à parvenir au moindre détail concernant le projet (responsable et avancement de chaque tâches). La sécurité et la stabilité du logiciel est également au cœur de ses préoccupations.

En ce qui concerne le chef de projet, l'idéal serait de disposer d'un système capable de travailler en temps réel afin de pouvoir gérer son équipe et contrôler l'avancement des tâches de la manière la plus efficace possible.

4

Pour les utilisateurs, l'interface doit être immédiatement compréhensible ou « user friendly ». Le système devrait être idéalement transparent et dynamique.

Conclusion

Suite à l'étude faite et les critiques fournies sur l'existant du la société nous avons pu extraire les problèmes fondamentaux auxquels elle est confrontée. Ceci nous permettra de définir dans une prochaine phase les besoins de notre application.

Chapitre2 : Etat de l'art

Chaque projet entrepris soulève des questions organisationnelles qu'il vaut mieux définir aux prémices de celui-ci sous peine de subir des pertes économiques et temporelles importantes.

Afin de simplifier ces questions nous pouvons utiliser l'outil informatique à travers les logiciels de gestion de projets dans le but de nous donner une ligne directrice durant toute la durée de notre entreprise.

Avant de chercher à connaitre les fonctionnalités d'un logiciel de gestion de projet, il convient de se poser certaines questions essentielles car le choix d'opter pour la création d'un nouveau logiciel de gestion de projet impose certaines contraintes. Ainsi ce chapitre se chargera en première partie de répondre aux questions suivantes:

➢ Qu'est-ce qu'est la gestion de projet et quel sont ses objectifs?

➢ Qu'est-ce qu'un logiciel de gestion de projet?

➢ Quelles fonctionnalités sont indispensables ?

➢ Quels sont les systèmes qui existent aujourd'hui?

Quant à la deuxième partie elle comprendra quelques généralités sur les Framework PHP notamment le Framework Symfony2.

A.   Gestion de Projet [2]

I.   Notion de Projet

« Un projet est un processus unique qui consiste en un ensemble d'activités coordonnées et maîtrisées, comportant des dates de début et de fin, entrepris dans le but d'atteindre un objectif conforme à des exigences spécifiques, incluant des contraintes de *délais*, de *coûts* et de *ressources*. ». *[Définition de l'Organisation Mondiale de Normalisation selon la norme ISO 10006 (version 2003)]*

Les projets diffèrent selon leur domaine d'activité. Parmi ces derniers nous citons :

-   Les projets d'organisation, par lesquels une nouvelle structure de fonctionnement est implantée dans une entreprise,

-   Les projets de recherche et de développement de produits nouveaux,

-   Les projets d'édification de bâtiment et d'ouvrages de travaux publics,

-   Les projets informatiques et de développement logiciel,

- Les projets artistiques, tels que le montage d'un spectacle ou d'une exposition, etc...

Cependant, d'innombrables statistiques ont révélé que plusieurs projets peuvent être voués à l'échec pour de multiples raisons tels que :

- Des objectifs mal définis,
- Un changement des besoins et des spécifications au cours du projet,
- Un manque de ressources matérielles, humaines, financières,...
- Une incompétence de la technologie (outils non appropriés pour le projet,...),
- Des Attentes irréalistes, etc...

II. La gestion de projet

La gestion de projet ou conduite de projet est une démarche visant à structurer, assurer et optimiser le bon déroulement d'un projet. C'est aussi l'utilisation d'un savoir, d'habiletés, d'outils et de techniques dans le cadre des activités d'un projet, en vue de satisfaire les exigences et les attentes des parties prenantes à l'égard d'un projet.

Il s'agit là d'un défi constant qui demande une compréhension du contexte plus général du projet et la capacité de concilier des exigences contradictoires telles que :

- Les ressources disponibles et les attentes,
- Les priorités différentes des parties prenantes,
- Les besoins définis et à la portée du projet,
- La qualité et la quantité.

II.1 Objectif

Le principal objectif de la gestion de projet est d'apporter à la direction de projet des éléments pour prendre en temps voulu toutes les décisions lui permettant de respecter les objectifs.

➢ Innover « plus », car face à des clients ou moins stables, les produits se périment vite et le client réagi positivement à l'innovation.

➢ Innover « vite », car dans un environnement fortement concurrentiel, il s'agit d'être le premier sur le marché.

➢ Innover « mieux », car le client attend un produit parfaitement adapté à ses besoins

II.2   Contraintes

Un projet doit répondre aux contraintes suivantes :

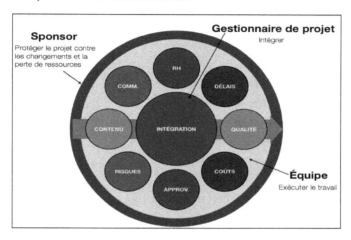

Figure 1: Les contraintes d'un projet

II.3   Phases de gestion de projet

Il existe différentes possibilités pour découper un projet en étapes, mais globalement, nous retrouvons la suite des étapes suivante :

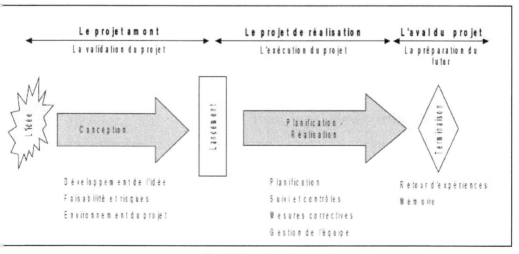

Figure 2: Phases de gestion de projet

> **Conception : Détermination des objectifs**
  - Déterminer le but du projet
  - Estimer les ressources, coûts et délais
  - Définir le type d'organisation
  - Choisir le chef de projet
  - Estimation des risques
  - Estimation de la rentabilité

> **Phase de Planification : Planifier la réalisation**
  - Planification globale
  - Détail des coûts et délais
  - Engagement des hommes-clés
  - Définition des responsabilités

> **Phase de Réalisation : Réaliser la planification...**

  Phase générant le plus de coûts

  - Mise en place de l'organisation
  - Exécution du travail
  - Pilotage coûts-délais-spécifications
  - Résolution de problèmes

> **Phase de Terminaison : Préparer les futures planifications...**

  Archivage de l'expérience dans le but d'améliorer le déroulement des projets futurs.

  - Analyse des écarts entre planifié et réalisé
  - Mémoire des opérations passées
  - Évaluation du projet
  - Réaffectation du personnel

II.4   Logiciels de gestion de projet [1]

Les logiciels de gestion de projet sont devenus essentiels à l'organisation et à la mise en œuvre des activités de l'entreprise. Ils permettent de planifier et d'optimiser la gestion d'un projet à travers le suivi et coordination des travaux de groupe, le contrôle des flux d'informations ainsi que le respect des deadlines et maîtrise des coûts.

Selon la taille de l'entreprise, le nombre de collaborateurs, et la complexité d'un projet, les fonctionnalités propres aux logiciels de gestion de projets varient considérablement. On peut les classer en 3 familles :

9

> **Les logiciels de gestion de projet "personnels"**

Ils proposent des fonctionnalités basiques (liste de tâches, échéancier, calendrier, etc.) et sont réservés à un usage personnel ou pour un petit nombre d'utilisateurs.

> **Les logiciels de gestion de projet collaboratifs**

Ils incluent des fonctionnalités plus riches : wikis, blogs, stockage de documents, édition de documents partagés, forums, création de bases de données, etc. C'est dans cette catégorie que se range notamment les logiciels Clarizen et Planzone.

> **Les logiciels de gestion de projet intégrée**

Ils sont polyvalents et proposent des fonctionnalités traditionnellement rattachées aux applications critiques de l'entreprise (ERP, CRM) : comme la relation clients, la facturation, le support technique etc, c'est le cas notamment du gestionnaire de projet en ligne worketc. Certaines solutions peuvent également s'intégrer en tant que module au progiciel de l'entreprise.

Exemple de logiciels de gestion de projet

> PMW (Project Management Workbench)
> GPM (Galaxys Project Management),
> MSP (Microsoft Project)
> Open Source Gantt Project...

B.   Symfony2 et Framework PHP [3]

Le langage PHP est un langage de programmation multi plates-formes qui s'est imposé comme un standard du marché. Cette technologie est plébiscitée pour sa capacité à faciliter la création de sites dynamiques et marchands. PHP permet également de mieux adapter les pages à la diversité des navigateurs et de leurs versions. Il simplifie enfin l'accès aux bases de données, notamment la base libre communément utilisée dans le monde de l'Open Source : MySQL.

Cependant, ce langage n'est plus utilisé nativement de nos jours mais bien à travers des Framework. En effet, ces derniers, généralement basés sur le modèle MVC (Modèle / Vue / Contrôleur), ont considérablement modifié la façon d'aborder le développement d'une application Web en fournissant une architecture prédéfinie, une méthode de conception et des outils permettant d'obtenir des programmes plus fonctionnels, maintenables, sécurisés et évolutifs.

I.   Avantage d'un Framework PHP

➤ Règles de codage stricts

La plupart des Frameworks forcent ses utilisateurs à suivre des principes de codage, notamment le modèle MVC. Cela donne une manière de penser sur la façon dont le code doit être structuré avant de l'écrire, ce qui le rend de meilleure qualité.

➤ Portabilité

L'abstraction de la base de données et du cache permet d'adapter l'application sur de nombreuses configurations de serveurs différents.

➤ Temps de développement plus court

Grâce aux librairies définies préalablement on est plus obligé de réécrire le code sur la gestion des utilisateurs, et même de l'authentification, de l'accès à la base de données et aux formulaires.

➤ Sécurité des applications

Les fonctions de sécurité comme l'authentification et les autorisations sont gérées par le Framework. De plus, les insertions dans la base de données sont automatiquement nettoyées et la plupart des Framework ont des protections contre les attaques de type *Cross-Site Request Forgery*.

➤ Soutenue par une communauté

Les Framework ont des forums, des listes de diffusion et des canaux *IRC* pour les soutenir. L'utilisation d'un Framework donne un point commun avec l'ensemble des développeurs qui l'utilisent aussi, ce qui constitue une communauté.

Plusieurs Frameworks sont proposés sur le marche tels que Zend Framework, CakePHP, Yii, Symfony2… et la plupart d'entre eux proposent des fonctionnalités similaires et les composants tiers sont utilisables par n'importe lesquels d'entres eux. L'approche est essentiellement orientée objet avec une structure MVC plus ou moins bien respectée. Pour choisir un Framework, le principal critère est l'*affinité* que l'on entretient avec. Ceci revient aux préférences personnelles de chaque développeur ce qui constitue un domaine purement subjectif non mesurable.

II.   Choix de Symfony [4]

Symfony est l'un des Frameworks les plus utilisés dans le monde, notamment dans les entreprises. Sa première version est sortie en 2005 et est aujourd'hui toujours très utilisée. Cela lui apporte un retour d'expérience et une notoriété exceptionnels. La deuxième version est sortie en août 2011. Bien que différente dans sa conception, cette deuxième version est plus souple que la première.

Parmi ses avantages :

> **Rapide est moins gourmand**

Symfony2 a été conçu dès le départ pour être rapide et favoriser les performances de l'application. A titre de comparaison, Symfony2 est environ 3 fois plus rapide que la version 1.4 ou de Zend Framework 1.10, tout en prenant deux fois moins de mémoire.

> **Extensible**

Dans cette version, tout est conçu sous forme de « bundles » (ou plug-in dans la langue Symfony). Chaque bundle est destiné à ajouter des fonctionnalités au Framework et peut être également réutilisé dans un autre projet ou partagée avec le reste de la communauté.

> **Aisance de développement**

Symfony2 garantit également un certain niveau de confort pour les développeurs. En prenant soin d'un certain nombre de tâches désagréables (de développement de fonctionnalités mineures, par exemple), Symfony2 permet aux développeurs de se concentrer sur les points forts actuels de la demande et à la fois de valider pleinement leur rôle et d'améliorer leur productivité.

> **Facile à utiliser**

Symfony2 est très accessible. Il possède une documentation abondante, ainsi qu'un grand soutien communautaire et professionnel permettent un débutant de se sentir très vite à l'aise.

Conclusion

Avant d'entamer toute spécification, une étude des connaissances s'impose. Celle-ci nous a permis de cadrer le sujet de notre travail. Le prochain chapitre sera dédié à la spécification des besoins.

Chapitre3 : Spécification des besoins

L'objectif de cette phase est de s'assurer que le système à développer soit complet et cohérent. En effet, la spécification des besoins permet de recenser les fonctionnalités du système et de définir son architecture fonctionnelle.

I. Définition des besoins fonctionnels

Les fonctionnalités attendues par cette application sont :

I.1 La Gestion des utilisateurs ou membres

La gestion des utilisateurs sera pilotée par l'administrateur du système. Cette tâche consistera essentiellement en :

- L'Insertion des informations relatives à chaque membre,
- l'Attribution des rôles,
- l'édition de ces informations,
- et l'activation ou la désactivation du membre.

I.2 La gestion des projets

La gestion des projets est effectuée par trois types d'utilisateurs qui sont :

➢ **L'administrateur du système**

Il doit être en mesure de:

- Créer un nouveau projet.
- Déterminer des activités en précisant les services associés.
- Affecter les chefs de projets aux activités.
- Editer des informations du projet.
- Modifier les chefs des activités.
- Ajouter ou supprimer une activité.
- Consulter le diagramme le planning de tous les projets.

➢ **Le Chef de projet**

Pour chaque service (développement ou référencement) il existe au moins un chef. Ce dernier doit piloter les fonctionnalités suivantes:

- Consulter le planning général.
- Diviser les activités à lesquelles il a été affecté en tâches.

- Désigner un utilisateur pour chaque tâche.
- Suivre la progression des projets
  o Vérifier les taux d'avancement marqué par les membres.
  o Marquer l'état d'avancement des tâches.
  o Valider la fermeture des tâches.
- Fermer un Projet.
- Consulter le planning des projets qui lui sont attribués.

> **Les membres**

Ces membres sont constitués par l'équipe de développement et l'équipe de référencement. Leur tâche principale est de :

- Marquer l'avancement des activités.

I.3   Gestion des documents

La gestion des documents est gérée d'une part par les chefs de projets qui ont le droit d'uploader et de retirer des documents du dossier du projet et d'autre part par les utilisateurs pour consultation et/ou téléchargement.

II.   Besoins non fonctionnels

Ce sont des exigences qui ne concernent pas spécifiquement le comportement du système mais plutôt identifient des contraintes internes et externes du système.

Les principaux besoins non fonctionnels de notre application ce résument dans les points suivants :

> **Exigences d'ergonomie**

L'application devra être cohérente de point de vue ergonomie. La qualité de l'ergonomie sera un facteur essentiel, étant donnée l'utilisation intensive qui sera faite de l'application.

> **La Sécurité**

L'application doit assurer un certain degré de sécurité tel que :

o **L'authentification**

Elle est assurée par un module d'authentification et d'autorisation, il gère l'accès entre les utilisateurs et l'application.

o **L'Intégrité**

L'intégrité garantit que les données sont protégées contre toute modification accidentelle ou délibérée (malveillante). Comme la confidentialité, l'intégrité est une préoccupation majeure, notamment pour les données transmises sur des réseaux. L'intégrité des données en transit est généralement assurée par des techniques de hachage et des codes d'authentification des messages.

o **La Confidentialité**

Elle permet de s'assurer que les données restent privées et confidentielles et qu'elles ne peuvent pas être vues ou détournées par des utilisateurs non autorisés ou des indiscrets qui surveillent le flux du trafic sur un réseau.

o **La Testabilité**

Faciliter les procédures de test permettant de s'assurer de l'adéquation des fonctionnalités.

o **La Portabilité**

Il s'agit de minimiser l'effort pour se faire transporter dans d'autres environnement matériel et /ou logiciel.

o **La Disponibilité**

En termes de sécurité, on entend par disponibilité la capacité pour des systèmes de rester disponibles pour les utilisateurs légitimes. Le but de nombreux auteurs d'attaques par refus de service est de détériorer une application ou de créer une saturation telle que les utilisateurs ne puissent plus y accéder.

III. Architecture du système

L'architecture d'un système informatique est la façon dont les fonctions ou traitements du système sont répartis entre ses divers composants matériels et logiciels. De ce fait, on peut distinguer plusieurs niveaux lors du développement d'applications informatiques.

III.1 Architecture à trois niveaux

Dans le cadre de notre projet nous somme amené à présenter une application Web, répondant aux besoins de l'entreprise et pouvant satisfaire à la demande de tout utilisateur.

Ainsi, le système Web à réaliser se verra conforme au modèle d'architecture à trois niveaux, où l'application est divisée en trois niveaux logiques comportant chacun un ensemble d'interfaces bien définies.

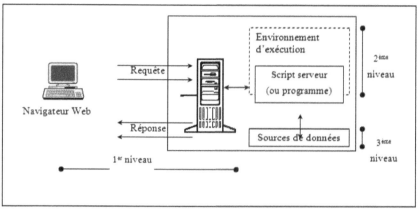

Figure 3: Architecture du système

III.2 **Rôle de chacune des niveaux**

Comme précisé dans la figure précédente [Figure3], le premier niveau de l'architecture adoptée est le niveau « présentation ». Ce niveau joue trois principaux rôles qui se résument dans :

> ➤ L'affichage des données,
> ➤ L'envoi des demandes de l'utilisateur au niveau application pour assurer leur traitement,
> ➤ La réception des résultats renvoyés par le niveau application et leur affichage.

Le niveau application, deuxième dans l'architecture adopté, renferme la logique de l'application. Dans cette optique, elle assure trois fonctions principales :

> ➤ Analyser les demandes de l'utilisateur.
> ➤ Retrouver et modifier les données.
> ➤ Renvoyer les résultats au niveau présentation.

Le niveau de données joue, lui aussi, trois rôles qui se résument à :

> ➤ Récupérer les données,
> ➤ modifier les données,
> ➤ Assurer la sécurité et l'intégrité des données.

16

III.3 Avantages et inconvénients de cette architecture

Cette spécification avec trois niveaux permet de simplifier le système afin de le rendre plus compréhensible et aussi de faciliter la tâche de développement en divisant le travail en trois parties.

De plus, séparer l'application en trois niveaux a de nombreux avantages. Tout d'abord, la gestion des données et la logique application peuvent être indépendantes du type d'interface ainsi la logique de l'application et ses données pourront être utilisées par divers types d'interfaces.

Le deuxième avantage est que les niveaux «d'application » et « de données » sont encapsulés. Ces couches assurent l'intégrité des données en analysant les demandes d'utilisateur avant de les effectuer, et nous gagnons donc en robustesse. Pendant la réalisation du niveau « application », nous pouvons nous concentrer sur la logique de l'application et l'intégrité des données sans se soucier de la présentation ainsi la maintenance devient plus facile.

Le dernier avantage réside dans le fait que les niveaux «d'application » et « de données » peuvent être placées sur un serveur ou chacune sur un serveur distinct. Deux principaux avantages sont tirés de cette propriété :

➤Le niveau « présentation » n'accédant pas directement aux données, la configuration de l'accès aux données ne se fait alors que sur le serveur où réside la couche stockage de données.

➤Si le niveau présentation ou celle des données est modifiée, il n'y a pas de réinstallation à faire sur les postes clients.

Ceci dite, cette architecture n'est point parfaite et présente certain inconvénient. Car en effet, une telle architecture demande une expertise de développement à acquérir qui semble plus longue que dans le cadre d'une architecture 2-tiers sans oublier les coûts de développements qui sont bien plus élevés.

III.4 Comparaison entre l'architectures 2-tiers et l'architecture 3-tiers [7]

	2-tiers	3 et n-tiers
Administration du système	**Complexe** (la couche application est physiquement répartie sur plusieurs postes clients)	**Moins complexe** (les applications peuvent être gérées centralement sur le serveur)
Sécurité	**Faible** (sécurité au niveau des données)	**Elevée** (raffinée au niveau des services ou des méthodes)
Encapsulation des données	**Faible** (les tables de données sont directement accessibles)	**Elevée** (le client fait appel à des services ou méthodes)
Performance	**Faible** (plusieurs requêtes SQL sont transmises sur le réseaux, les données sélectionnées doivent être acheminées vers le client pour analyse)	**Bonne** (seulement les appels de services et les réponses sont mis sur le réseau)
Extensibilité	**Faible** (gestion limitée des liens réseaux avec le client)	**Excellente** (possibilité de répartir dynamiquement la charge sur plusieurs serveurs)
Réutilisation	**Faible** (application monolithique sur le client)	**Excellente** (réutilisation des services et des objets)
Facilité de développement	**Elevée**	**En progression** (des outils intégrés pour développer la partie du client et du serveur)
Soutien Internet	**Faible** (les limitations de la bande passante pénalisent le téléchargement d'applications de type "fat-client")	**Excellente** (les applications de type "thin-client" sont facilement téléchargeable et les appels aux services repartissent la charge sur un ou plusieurs serveurs)
Sources de données hétérogènes	**Non**	**Oui** (les applications 3-tier peuvent utiliser plusieurs bases de données dans la même transaction)

On peut constater que l'utilisation d'une architecture 3-tiers ou n-tiers apportent des correctifs a une grande partie des problèmes des architectures 2-tiers.

Conclusion

Durant ce chapitre, nous nous sommes intéressés à l'analyse et à la spécification des besoins ce qui nous a procuré une vision plus claire du le sujet et une compréhension plus approfondie des tâches à réaliser par la suite. L'étape suivante sera consacrée à la conception des modules précédemment spécifiés.

Chapitre 4 : Conception

Afin d'atteindre les résultats escomptés, nous allons organiser dans cette partie nos besoins, exprimés dans le chapitre précédent, selon une méthodologie de conception qui a le mérite de faciliter la phase d'implémentation.

Nous avons utilisé le langage UML pour la spécification des cas d'utilisation et la description de la hiérarchie des classes que nous avons conçues, ainsi que pour la description des différents diagrammes de séquences relatifs aux cas d'utilisation. L'ensemble de ces modèles sera présenté dans le présent chapitre.

I.   Identification des acteurs

Un acteur représente l'abstraction d'un rôle joué par des entités externes (utilisateur, dispositif matériel ou autre système) qui interagissent directement avec le système étudié [5].

Un acteur peut consulter et/ou modifier directement l'état du système, en émettant ou en recevant des messages éventuellement porteurs de données.

Les acteurs envisagés dans notre travail sont :

- Le membre ou le simple utilisateur
- Le chef de projet
- L'administrateur

II.   Diagrammes de cas d'utilisation

Les cas d'utilisations décrivent le comportement du système de point de vue utilisateur sous la forme d'actions et de réactions [6].

Dans ce diagramme, trois éléments interviennent: les acteurs, le système et les cas d'utilisation. Un cas d'utilisation regroupe plusieurs scénarios d'utilisation du système.

Les différents cas d'utilisation globaux envisagés dans notre travail sont :

- Gestion des utilisateurs [Figure 4]
- Gestion des projets [Figure 5]
- Gestion des activités [Figure 6]
- Gestion des tâches [Figure 7]
- Gestion des fichiers [Figure 8]
- Gestion des clients [Figure 9]

II.1 S'authentifier

<u>**Acteurs**</u>

- Visiteur

<u>**But**</u>

S'authentifier pour être en mesure de faire des parties.

<u>**Pré- conditions**</u> :

- L'acteur est présent sur la page.

<u>**Enchaînement**</u> :

Action Acteur	Action Système
	1. Le système demande au visiteur de saisir son login et son mot de passe applicatif.
2. Le visiteur saisit son login et son mot de passe.	**3.** Le système vérifie ces paramètres. **4.** Le système récupère le profil du joueur c'est-à-dire les types d'opérations auxquelles il a le droit. **5.** Le système affiche la page d'accueil.

<u>**Enchaînement Alternatif**</u> :

A1 : Le mot de passe ou le login applicatif saisi est erroné.

L'enchaînement **A1** démarre au point **3** du scénario nominal.

Le système indique à l'abonné que son login ou son mot de passe est erroné.

Le scénario nominal reprend au point 1.

<u>**Post- conditions**</u> :

- Le profil du personnel authentifié est récupéré.

II.2 Gestion des utilisateurs

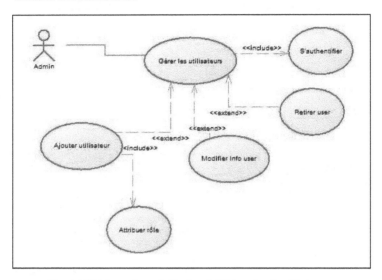

Figure 4: Diagramme de cas d'utilisation relatif à la gestion des utilisateurs

Acteurs

- Administrateur

But

Modifier la liste des utilisateurs soit par ajout, modification ou suppression.

Pré- conditions

- L'administrateur est authentifié.

- Le profil de l'administrateur est récupéré.

Enchaînement

Action Acteur	Action Système
	1. Le système affiche les donnés relatives aux utilisateurs. **2.** Le système demande à l'administrateur de choisir le mode d'opération.
3. L'administrateur sélectionne le mode d'opération désiré (Ajout, Modification, Suppression …)	
A1	**3.1.** Le système affiche le formulaire.
3.2. L'administrateur rempli le formulaire, affecte les droits nécessaires et valide.	
	3.3. Le système effectue une vérification des données.
A2	**3.1.** Le système charge ces données et affiche le formulaire.
3.2. L'administrateur modifie le formulaire et valide.	
	3.4. Le système effectue une vérification des données.
A3	**3.1.** Le système demande une confirmation de suppression.
3.2. L'administrateur confirme.	
	4. Le système répercute les enregistrements sur la base de donné et affiche la nouvelle liste.

Enchaînement alternatif

A1 : L'administrateur choisi l'opération d'ajout.

A2 : L'administrateur sélectionne le membre dont les données subiront les modifications.

A3 : L'administrateur sélectionne le membre à supprimer.

Enchaînement d'exception

E1 : Détection de champs vides ;

Le système affiche les messages d'erreur.

L'enchaînement **E1** démarre au point **3.2** du scénario **A1** et **A2**.

Post- conditions

Les modifications sur la base donnée sont réussies.

Remarque

L'opération d'ajout peut être commandée à part à travers l'anglet « Ajouter Utilisateur » du menu. L'enchainement effectué est le même que celui du scénario A1.

II.3　Gestion des projets

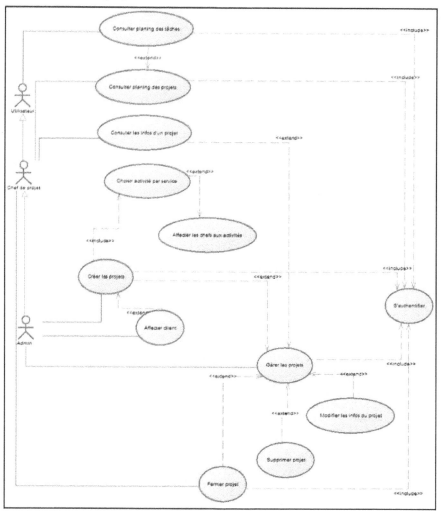

Figure 5: Diagramme de cas d'utilisation relatif à la gestion des projets

> **L'administrateur du système**
>> o **Ajouter un nouveau projet**

Acteurs

- L'administrateur du système

But

- Ajouter un nouveau projet.

Pré-conditions

- L'administrateur du système est authentifié.
- Le profil de l'administrateur du système est récupéré.

Enchaînement

Action acteur	Action Système
	1. Le système demande à l'administrateur de remplir un formulaire contenant les informations du projet, les activités et les chefs responsables des activités.
2. L'administrateur saisi les informations du projet et valide son choix.	
	3. Le système créé en plus du projet, les activités correspondantes ainsi que le dossier qui contiendra par la suite les fichiers relatifs à ce dernier puis affiche la liste des projets.

Enchaînement d'exception

E1 : Détection de champs vides.

Le système affiche les messages d'erreur.

L'enchaînement **E1** démarre au point **2** du scénario nominal.

E2 : l'administrateur choisi d'annuler l'opération.

L'enchaînement **E2** démarre au point 2 du scénario nominal.

Le scénario nominal reprend au point 1.

E3 : Les dates saisies sont erronées (date début supérieur à la date fin)

L'enchaînement **E3** démarre au point 2 du scénario nominal.

Le scénario nominal reprend au point 1.

Post-conditions

L'ajout d'un nouveau projet est effectué.

> o **Modifier les informations d'un projet**

Acteurs

o L'administrateur du système

But

- Modifier les informations d'un projet

Pré-conditions

- L'administrateur du système est authentifié.
- Le profil de l'administrateur du système est récupéré.

Enchaînement

Action acteur	Action Système
	1. Le système affiche la liste des projets
2. L'administrateur a le choix d'effectuer une opération de tri selon plusieurs critères et sélectionne le projet adéquat.	
	3. Le système traite la requête de l'acteur et retourne le projet recherché.
4. L'administrateur sélectionne le projet et valide son choix.	
	5. Le système affiche un formulaire contenant les informations du projet.
6. L'administrateur modifie les informations du projet et valide son choix.	
	7. Le système répercute les enregistrements sur la base de données.

Enchaînement d'exception

E1 : l'acteur choisit d'annuler l'opération.

L'enchaînement E1 démarre au point 6 du scénario nominal.

Le scénario nominal reprend au point 4.

E2 : Les dates saisies sont erronées (date début supérieur à la date fin)

L'enchaînement E2 démarre au point 6 du scénario nominal.

Le scénario nominal reprend au point 4.

E3 : Les dates saisies sont erronées (les dates des taches existantes dans le projet ne doivent pas dépasser les bornes du projet)

L'enchaînement E3 démarre au point 6 du scénario nominal.

Le scénario nominal reprend au point 4.

Post-conditions

La modification des informations du projet est effectuée.

o **Supprimer projet**

Acteurs

o L'administrateur

But

- Supprimer un projet.

Pré-conditions

- L'administrateur du système est authentifié.
- Le profil de l'administrateur du système est récupéré.

Enchaînement

Action acteur	Action Système
	1. Le système affiche la liste des projets
2. L'administrateur a le choix d'effectuer une opération de tri selon plusieurs critères et sélectionne le projet adéquat.	
	3. Le système traite la requête de l'acteur et retourne le projet recherché.
4. L'administrateur sélectionne le projet à supprimer.	
	5. Le système demande une confirmation de suppression.
6. L'administrateur confirme.	
	7. Le système répercute les enregistrements sur la base de données et affiche la nouvelle liste.

Enchaînement d'exception

E1 : l'acteur choisit d'annuler l'opération.

L'enchaînement E1 démarre au point 6 du scénario nominal.

Le scénario nominal reprend au point 4.

Post-conditions

La suppression est effectuée.

    o   **Consulter le planning général**

<table>
<tr><td>

Acteurs

   o   L'administrateur du système

But

-   Consulter la liste des tâches ainsi que l'avancement des projets.

Pré-conditions

-   L'acteur est authentifié.
-   Le profil de l'acteur est récupéré.

</td></tr>
</table>

Enchaînement

Action acteur	Action Système
1. L'administrateur demande l'affichage du calendrier.	
	2. Le système affiche le calendrier des tâches de tous les projets.
3. L'administrateur peut consulter les détails de chaque tâche.	
	4. Le système affiche les informations de la tâche sélectionnée, ses avancements et son responsable.
5. L'administrateur peut changer la date de chaque tâche soit par redimensionnement soit par (*drag and drop*)	
	6. Le système répercute les enregistrements en cas de données valides.

Post-conditions

Les détails du planning des projets sont affichés.

> **Le chef de projet**
> o **Consulter le planning de chaque projets**

Acteurs
o L'administrateur et le Chef de projet
But
- Consulter la liste des tâches ainsi que l'avancement du projet sélectionné.
Pré-conditions
- L'acteur est authentifié.
- Le profil de l'acteur est récupéré.

Enchaînement

Action acteur	Action Système
1. L'acteur demande sélectionne un projet et demande l'affichage du calendrier de ce dernier.	
	2. Le système affiche le calendrier des tâches du projet sélectionné.
3. L'acteur peut consulter les détails de chaque tâche.	
	4. Le système affiche les informations de la tâche sélectionnée, ses avancements et son responsable.
5. L'acteur peut changer la date de chaque tâche soit par redimensionnement soit par (*drag and drop)*	
	6. Le système répercute les enregistrements en cas de données valides.

Post-conditions

Les détails du planning du projet sélectionné sont affichés.

II.4 Gestion des activités

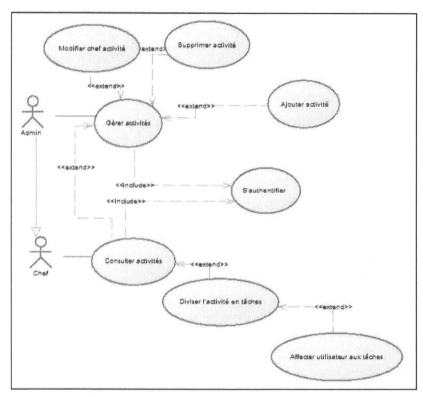

Figure 6: Diagramme de cas d'utilisation relatif à la gestion des activités

➢ **L'administrateur du système**

o **Ajouter une activité**

Acteurs

- L'administrateur du système

But

- Ajouter une activité.

Pré-conditions

- L'administrateur du système est authentifié.
- Le profil de l'administrateur du système est récupéré.
- Le projet contient une seule activité.

Enchaînement

Action acteur	Action Système
	1. Le système demande à l'administrateur de remplir un formulaire en inscrivant la date fin de l'activité et son chef responsable.
2. L'administrateur saisi les informations de l'activité et valide son choix.	
	3. Le système enregistre les changements et affiche les détails du projet.

Enchaînement d'exception

E1 : l'administrateur choisi d'annuler l'opération.

L'enchaînement E1 démarre au point 2 du scénario nominal.

Le scénario nominal reprend au point 1.

E2 : Les dates saisies sont erronées (la date fin inférieur à la date début)

L'enchaînement E2 démarre au point 2 du scénario nominal.

Le scénario nominal reprend au point 1.

Post-conditions

L'ajout de l'activité est effectué.

o **Gérer les activités**

Acteurs

L'administrateur

But

Modification des chefs de projets responsables de l'activité ou suppression de l'activité.

Pré- conditions

- L'administrateur est authentifié.
- Le profil de l'administrateur est récupéré.
- Les détails du projet sont affichés.

Enchaînement

Action Acteur	Action Système
A1	**1.1.** Le système charge les données de l'activité et affiche le formulaire.
1.2. L'administrateur modifie le responsable de l'activité et valide.	
	1.3. Le système effectue une vérification des données.
A2	**2.1.** Le système demande une confirmation de suppression.
2.2 L'administrateur confirme.	
	2. Le système répercute les enregistrements sur la base de donné et affiche la nouvelle liste.

Enchaînement alternatif

A1 : L'administrateur sélectionne l'activité à modifier.

A2 : L'administrateur choisi de supprimer une activité (le projet obligatoirement contient 2 activités).

Enchaînement d'exception

E1 : Détection de champs vides ; le système affiche les messages d'erreur.

L'enchaînement **E1** démarre au point **1.2** du scénario **A1.**

Post- conditions

Les modifications sur la base donnée sont réussies

➢ **Le chef de projet**
  o **Diviser les activités en tâches (ajouter des tâches)**

Acteurs
-       L'administrateur du système, Chef de projet
But
-       Ajouter des tâches
Pré- conditions
-L'acteur est authentifié.
-Le profil de l'acteur est récupéré.
-Les détails de l'activité sont affichés.

Enchaînement

Action acteur	Action Système
	1. Le système demande à l'administrateur de remplir un formulaire contenant les informations de la tache et de choisir son responsable.
2. L'administrateur saisi les informations du projet et valide son choix.	
	3. Le système enregistre les changements.

Enchaînement d'exception

E1 : L'acteur choisit d'annuler l'opération.

L'enchaînement E1 démarre au point 2 du scénario nominal.

Le scénario nominal reprend au point 1.

E2 : Les dates saisies sont erronées (date début supérieur à la date fin)

L'enchaînement E2 démarre au point 2 du scénario nominal.

Le scénario nominal reprend au point 1.

E3 : Les dates saisies sont erronées (les dates des taches ne doivent pas dépasser les bornes du projet)

L'enchaînement E3 démarre au point 2 du scénario nominal.

Le scénario nominal reprend au point 1.

Post-conditions

La division du projet et la création des tâches est effectuée.

II.5 Gestion des tâches

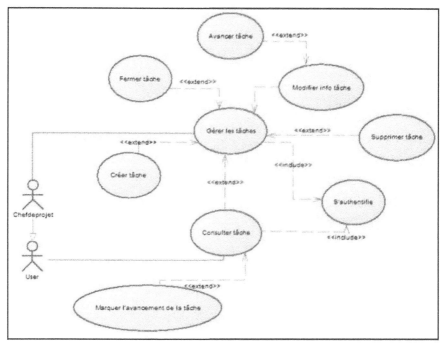

Figure 7: Diagramme de cas d'utilisation relatif à la gestion des tâches

> **L'utilisateur**

  o **Marquer l'avancement de tâche**

Acteurs
- L'utilisateur
But
- Marquer l'avancement des tâches.
Pré-conditions
- L'acteur est authentifié.
- Le profil de l'acteur est récupéré.

Enchaînement

Action acteur	Action Système
	1. Le système affiche la liste des tâches prises en charge par l'utilisateur authentifié.
2. L'utilisateur consulte les détails de chaque tâche.	
	3. Le système affiche les informations de la tâche sélectionnée ainsi que ses avancements.
4. L'utilisateur marque l'avancement	
A1	5. Le système envoie une notification au chef de projet indiquant la fin de la tâche.
A1.1 Le chef de projet ferme la tâche.	
	6. Le système marque l'état de la tâche (fermée)
A1.1.1	7. Le système demande au chef de projet de fermer le projet.
8. Chef de projet ferme le projet.	
A.2 Le chef de projet consulte la tâche et diminue le taux d'avancement.	
	9. Le système répercute les enregistrements sur la base de donné et affiche la liste des tâches.

Enchaînement alternatif

A1 : Le taux d'avancement atteint la valeur 100%

> **A1.1 :** Le chef vérifie que la tâche est bel et bien terminée.

> > **A1.1.1 :** La dernière tâche est clôturée.

A.2 : Le chef juge que la tâche n'est pas encore complète.

Post-conditions

Les avancements sont marqués.

> ➢ **Le chef de projet**
>> o **Gérer les tâches**

Acteurs

- Le chef de projet

But

Modifier la liste des taches soit par ajout, modification ou suppression.

Pré- conditions

- Le chef de projet est authentifié.

- Le profil du chef de projet est récupéré.

Enchaînement

Action Acteur	Action Système
	1. Le système affiche la liste des tâches.
A1	**2.1.** Le système affiche les informations de la tâche sélectionnée, ses avancements et responsable de cette tâche.
A2	**2.1.** Le système charge ces données et affiche le formulaire.
2.2. L'acteur modifie le formulaire et valide.	
	2.3. Le système effectue une vérification des données.
A3	**2.1.** Le système demande une confirmation de suppression.
2.2 Le chef de projet confirme.	
A4	**2.1.** Le système enregistre les changements et change le statut de la tâche d'ouvert en tâche fermée.
	3. Le système répercute les enregistrements sur la base de donné et affiche la nouvelle liste.

Enchaînement alternatif

36

A1 : L'acteur choisi de consulter les détails d'une tâche.

A2 : L'acteur sélectionne la tâche à modifier.

A3 : L'acteur choisi de supprimer une tâche.

A4 : L'acteur choisi de fermer une tâche.

Enchaînement d'exception

E1 : Détection de champs vides ; le système affiche les messages d'erreur.

L'enchaînement **E1** démarre au point **2.2** du scénario **A2**.

Post- conditions

- Les modifications sur la base donnée sont réussies.

    o **Avancer tâche**

Une tâche peut être avancée ou retardée selon les besoins. Dans ce cas, ses bornes peuvent dépasser l'intervalle fixé par les dates du projet.

Pour ce faire, le chef de projet doit sélectionner la tâche visée et la marquer en tant que tâche avancée/retardée. Ainsi, il aura libre court de changer ses dates.

II.6 Gestion des fichiers

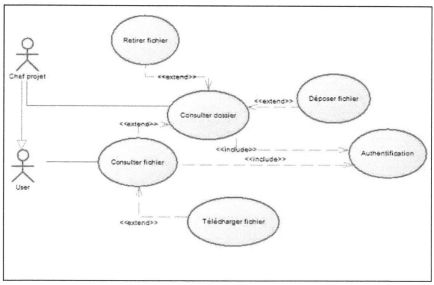

Figure 8: Diagramme de cas d'utilisation relatif à la gestion des fichiers

> ## Le chef de projet

> o ### Gérer les Fichier (uploader / Retirer des fichiers)

Acteurs

- Le chef de projet

But

Gérer les fichiers relatifs à un projet (uploader et retirer un fichier).

Pré- conditions

- Le chef de projet est authentifié.

- Le profil du chef de projet est récupéré.

Enchaînement

Action Acteur	Action Système
1. Le Chef demande à consulter le dossier relatif au projet.	
	2. Le système affiche la liste des fichiers.
A1.	
2.1. L'acteur sélectionne les fichiers désiré depuis son poste.	**2.2.** Le système effectue l'upload et affiche la nouvelle liste.
A2	**2.1.** Le système effectue le traitement et affiche la nouvelle liste.

Enchaînement alternatif

A1 : L'acteur choisi d'uploader un fichier.

A2 : L'acteur Retirer un fichier.

Enchaînement d'exception

E1 : Type de fichier choisi non valide ; le système affiche les messages d'erreur.

L'enchaînement **E1** démarre au point **2.1** du scénario **A1.**

Post- conditions

- La gestion des fichiers et effectuée.

➢ **L'utilisateur**
  ○ **Consulter fichiers**

> **Acteurs**
>
> - L'utilisateur
>
> **But**
>
> Consulter les fichiers d'un projet et les télécharger.
>
> **Pré- conditions**
>
> - L'utilisateur est authentifié.
>
> - Le profil de l'utilisateur est récupéré.

Enchaînement

Action Acteur	Action Système
1. L'utilisateur demande à consulter le dossier relatif au projet.	
	2. Le système affiche la liste des fichiers.
3. L'utilisateur sélectionne le fichier pour consultation.	
4. L'utilisateur peut télécharger le fichier.	

Post- conditions

- La gestion des fichiers et effectuée.

II.7   Gestion des clients

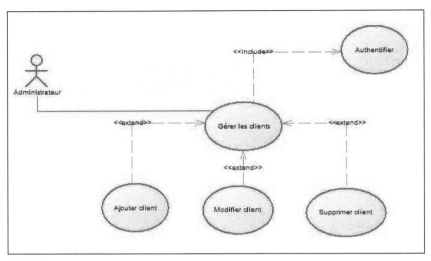

Figure 9: Diagramme de cas d'utilisation relatif à la gestion des clients

Acteurs

- Administrateur

But

Modifier la liste des clients soit par ajout, modification ou suppression.

Pré- conditions

- L'administrateur est authentifié.

- Le profil de l'administrateur est récupéré.

41

Action Acteur	Action Système
	1. Le système affiche les donnés relatives aux clients. **2.** Le système demande à l'administrateur de choisir le mode d'opération.
3. L'administrateur sélectionne le mode d'opération désiré (Ajout, Modification, Suppression …)	
A1	**3.1.** Le système affiche le formulaire.
3.2. L'administrateur rempli le formulaire, affecte les droits nécessaires et valide.	
	3.3. Le système effectue une vérification des données.
A2	**3.1.** Le système charge ces données et affiche le formulaire.
3.2. L'administrateur modifie le formulaire et valide.	
	3.4. Le système effectue une vérification des données.
A3	**3.1.** Le système demande une confirmation de suppression.
3.2. L'administrateur confirme.	
	4. Le système répercute les enregistrements sur la base de donné et affiche la nouvelle liste.

Enchaînement alternatif

A1 : L'administrateur choisi l'opération d'ajout.

A2 : L'administrateur sélectionne le client dont les données subiront les modifications.

A3 : L'administrateur sélectionne le client à supprimer.

Enchaînement d'exception

E1 : Détection de champs vides ; le système affiche les messages d'erreur.

L'enchaînement **E1** démarre au point **3.2** du scénario **A1** et **A2.**

Post- conditions

Les modifications sur la base donnée sont réussies.

Remarque

L'opération d'ajout peut être commandée à part à travers l'anglet « Ajouter Client » du menu. L'enchaînement effectué est le même que celui du scénario A1.

III. Diagrammes de séquences

La description textuelle des cas d'utilisation précédemment présentée permet de communiquer facilement et précisément avec les utilisateurs, en revanche, le texte présente des désavantages puisqu'il est difficile de montrer comment les enchaînements se succèdent.

Il est donc, recommandé de compléter la description textuelle par un ou plusieurs diagrammes dynamiques qui sont : diagramme de séquence, diagramme de collaboration, diagramme d'états- transitions et digramme d'activités.

Dans ce travail, on se limite à présenter les diagrammes de séquence relatifs aux différents scénarios possibles des cas d'utilisation.

III.1 Diagramme de séquence relatif à l'authentification

Le diagramme est représenté par la figure ci-dessous :

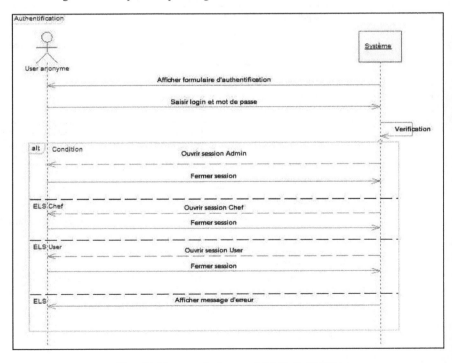

Figure 10: Diagramme de séquence relatif à l'authentification

III.2 Diagramme de séquence relatif à la gestion des utilisateurs

Ces fonctionnalités sont pilotées par l'administrateur du système.

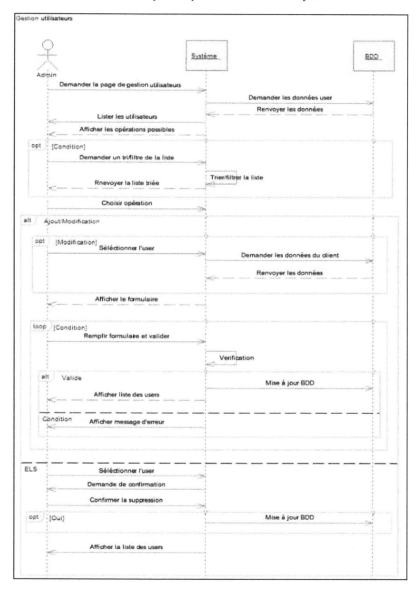

44

III.3 Diagrammes de séquences relatifs à la gestion des projets

> ➤ Chef de Projet
>> o <u>Consulter les informations du projet</u>

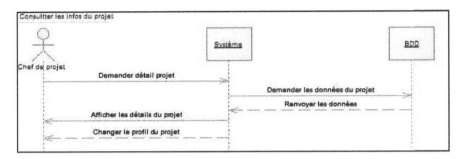

Figure 12: Diagramme de séquence relatif à la consultation des informations du projet

> ➤ Administrateur du système
>> o <u>Ajouter un Projet</u>

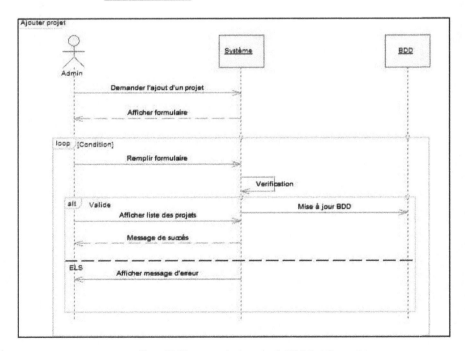

Figure 13: Diagramme de séquence relatif à l'ajout d'un projet

45

o **Modifier, Supprimer un projet**

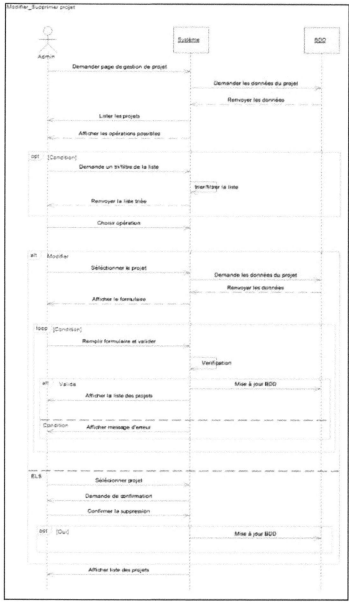

Figure 14: Diagramme de séquence relatif à la modification et la suppression d'un projet

46

III.4 Diagrammes de séquences relatifs à gestion des activités

➢ **Chef de Projet**

  o **Consulter activité**

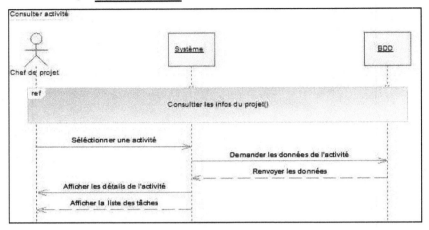

Figure 15: Diagramme de séquence relatif à la consultation d'une activité

  o **Diviser l'activité en tâches (Ajouter Tâche)**

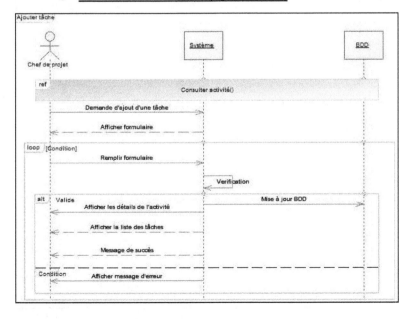

Figure 16: Diagramme de séquence relatif à l'ajout d'une tâche

➢ Administrateur du système

o <u>Ajouter, Supprimer une activité</u>

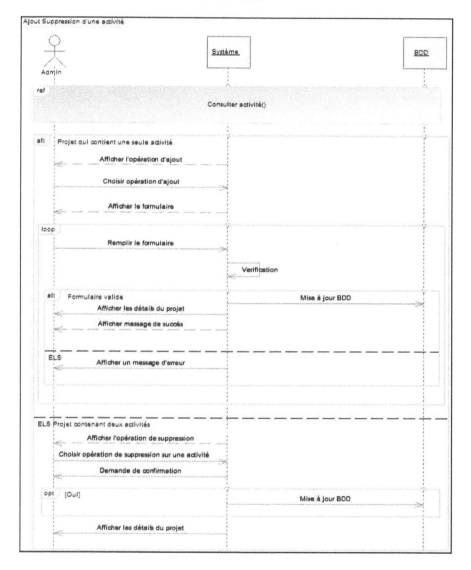

Figure 17: Diagramme de séquence relatif à l'ajout et la suppression d'une activité

48

o **Modifier le chef d'une activité**

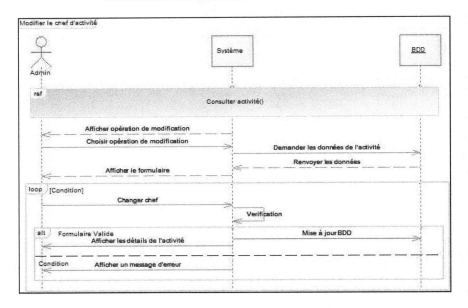

III.5 Diagrammes de séquences relatifs à gestion des tâches

➢ **Utilisateur**

o **Consulter Tâche**

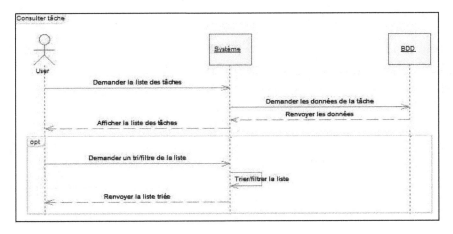

49

- o **Marquer avancements des tâches**

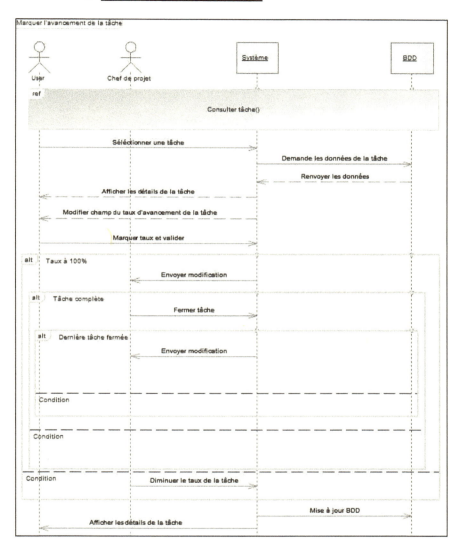

Figure 20: Diagramme de séquence relatif au marquage de l'avancement d'une tâche

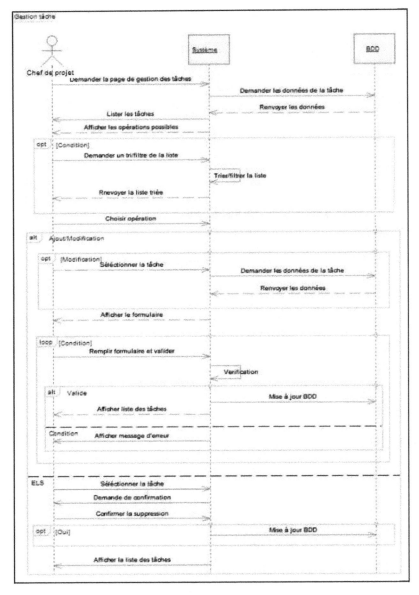

Figure 21: Diagramme de séquence relatif à la gestion des tâches

III.6 Diagrammes de séquences relatifs à gestion des fichiers

> ## Chef de projet

  o **Uploader et Retirer un fichier**

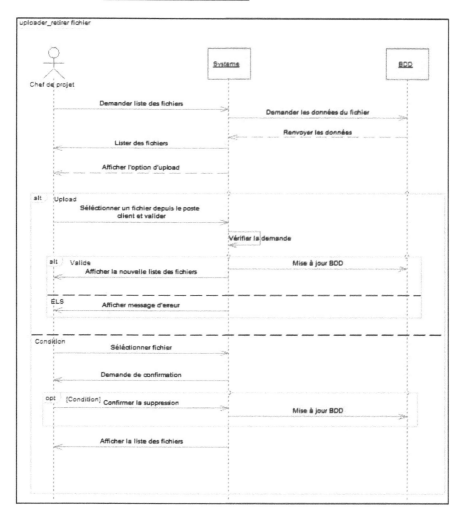

Figure 22: Diagramme de séquence relatif à l'upload et la suppression de fichiers

III.7 Diagramme de séquence relatif à la gestion des clients

Ces fonctionnalités sont pilotées par l'administrateur du système.

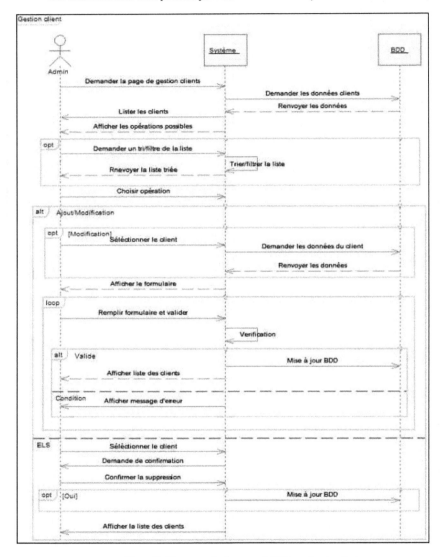

Figure 23: Diagramme de séquence relatif à la gestion des clients

53

IV. Conception du niveau données

Cette partie ce charge de détaillé la partie donnée de notre application partant des règles de gestions à la description des classes pour enfin présenter le diagramme de classe de notre système au complet.

IV.1 Les Règles de gestion

➤ Régles de gestion des projets

R1 : L'administrateur dispose de tous les privilèges.

R2 : Un projet peut avoir plusieurs utilisateurs.

R3 : L'utilisateur peut être affecter à plusieur projets.

R4 : Un projet peut avoir un ou plusieurs chef de projet.

R5 : Le chef de projet peut être affecté à plusieurs projets.

R6 : Un projet est composé d'au minimum une activité et maximum deux (Développement et Référencement).

R7 : Une activité peut comporter plusieurs chefs.

R8 : La sélection des chefs dans une activité se fait selon un service.

R9 : Une activité est composé de plusieurs tâches.

R10 : Les tâches peuvent se chevaucher.

R11 : Un seul membre est affecté par tâche.

R12 : Un membre ne peut pas être affecté à des tâches parallelles.

R13 : Il n'existe aucune dépendance entre les projet.

R14 : Les tâches ne peuvent être cloturé que par le chef de projet (ou l'administrateur).

R15 : A chaque changement au niveau des projets ou des tâches un historique des dates est conservé.

➤ Régles de gestion des documents

R16 : Il existe un seul dossier unique par projet contienant les fichiers qui lui sont associés.

R17 : Les fichiers ne peuvent être uploader que par les chefs de projet(ou l'administrateur).

R18 : Les membres peuvent seullement consulter et télécharger les fichiers.

> **Régles de gestion des utilisateurs**

R19 : Chaque utilisateur est identifié par son adresse email.

R20 : Chaque utilisateur dispose d'une seule fonction.

R21 : Chaque fonction est relative a un service.

R22 : Chaque utilisateur peut disposee de plusieurs rôle.

IV.2 Description des classes

Nom de la Classe	Description
Groupe de classes associées à l'utilisateur	
User	Cette classe renferme toutes les informations relatives aux utilisateurs de la plateforme.
Rôle	Cette classe précise le rôle de chaque utilisateur au sein de la plateforme à savoir Administrateur, Chef de Projet ou simple utilisateur. C'est à partir de ce critère que les droits seront attribués par la suite.
Fonction	Elle décrit le post/fonction que détient l'utilisateur (Développeur, Intégrateur, Référenceur …)
Service	Il en existe deux (service de développement et service de référencement). A chaque service correspond un ensemble de fonctions.
Groupe de classes associées au projet	
Projet	Cette classe comprend les informations relatives au Projet ainsi que son statut renseignant son état (fermé ou ouvert). Ce dernier est divisé en activités qui sont à leur tour scindées en tâches. Le projet représente en lui-même le dossier du projet donc celui-ci contient tous les documents/fichiers utiles à partager entre les membres.

Activite	Les activités permettent de classer les tâches selon les services existants. Elles peuvent être soit développement, soit référencement soit les deux.
Tâche	Les tâches sont caractérisées essentiellement par un taux d'avancement qui renseigne sur la progression de celles-ci et un statut indiquant leurs état (close ou en cours).
Client	Cette classe renferme les informations relatives aux clients, preneurs de projets.
Fichier	Les fichiers constituent les ressources utiles associés à un projet, proposés et partagés par les chefs de projets aux différents membres pour téléchargement en cas de besoin.
Historique_projet	A la demande du client, un projet en cours pourrait subir des modifications. Ceci implique les changements au niveau des dates (début et fin). Pour des besoins ultérieurs tel que l'élaboration de statistiques par exemple, ces différents changements se doivent d'être conservés en indiquant la cause (description) et c'est la classe Historique_projet qui s'en chargera.
Historique_tache	(il en est de même pour la classe Historique_tache lors de modifications engendrées au niveau des tâches...).

IV.3 Diagramme de Classe

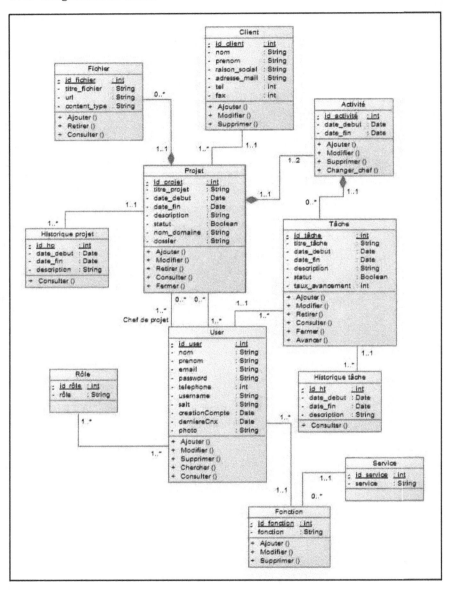

Figure 24: Le diagramme de classes

57

IV.4 **Modèle Relationnel**

Nom de la Table	Attributs
User	(id_user, nom, prenom, email, telephone, photo, username, password, salt, creationCompte, derniereCnx, #id_fonction)
Rôle	(id_role, role)
Fonction	(id_fonction, fonction, #id_service)
Service	(id_service, service)
Projet	(id_projet, titre_projet, date_debut, date_fin, description, statut, nom_domaine, #id_client)
Activite	(id_activite, date_debut, date_fin, #id_service, #id_projet)
Tâche	(id_tache, titre_tache, date_debut, date_fin, description, statut, taux_avancement, #id_user, #id_activite)
Client	(id_client, nom, prenom, raison_sociale, tel, adresse_email, fax)
Fichier	(id_fichier, titre_fichier, url, Content_type, #id_projet)
Historique_projet	(id_hp, date_debut, date_fin, description, #id_projet)
Historique_tache	(id_ht, date_debut, date_fin, description, #id_tache)
users_activites	(#id_user, #id_activite)
users_role	(#id_user, id_role)

Conclusion

Dans ce chapitre, nous avons présenté les différents diagrammes définis par UML qui ont permis de bien comprendre les besoins du système à développer ainsi que les différentes interactions entre les objets participant à son fonctionnement, chose qui facilitera la phase d'implémentation et de codage.

Chapitre5 : Réalisation

Ce chapitre constitue le dernier volet du rapport. Il a pour objet d'exposer le travail réalisé. Nous présenterons donc l'environnement matériel du projet ainsi que les outils de développement utilisés. Nous allons ensuite proposer les différents aperçus d'écran illustrant les fonctionnalités de l'application.

I.   Environnement de travail

I.1   Environnement matériel

L'environnement matériel utilisé dans le développe cette application

Disque dur	500 Go
Type processeur	PC Intel Core i3
Fréquence du processeur	2.13GHz
Mémoire Centrale	4 Go
Système d'exploitation	Windows 7

Disque dur	500 Go
Type processeur	PC Intel Core 2 Duo
Fréquence du processeur	2.00GHz
Mémoire Centrale	2 Go
Système d'exploitation	Windows 7

I.2   Environnement logiciel

Les logiciels utilisés sont les suivants :

- **Modélisation :** Sybase.PowerDesigner.v15.1.0.
- **SGBD :** MySQL.
- **Plateforme de développement :** WampServer
- **Langage de programmation :** PHP 5
- **Framework :** Symfony2
- **IDE :** NetBeans IDE 7.2 ; Environnement de développement intégré qui supporte une large variété de langages de programmation et d'outils de collaboration...

II. Les interfaces de l'application

➤ Authentification

Chaque utilisateur doit s'authentifier avant de pouvoir accéder à son profil. Lors du clic sur le bouton « Login » la fonction de vérification du mot de passe « login_check » est appelée afin de comparer le mot de passe entré et celui stocké dans la base de données. Dans le cas où l'utilisateur saisit des informations erronées un message d'erreur lui sera renvoyé afin de corriger les informations d'authentification. **[Figure25]**.

Figure 25: Page d'authentification

➤ Consulter la liste des projets

A travers cette interface présente dans la **[Figure26]**, l'administrateur est en mesure de consulter les détails de chaque projet une cliquant sur , comme il à la main aussi de gérer ces derniers par ajout, -soit en cliquant sur le bouton « Ajouter projet » soit en y accédant directement à partir du menu- par modification ou par suppression . Cette interface offre aussi la possibilité de consulter l'historique du projet , le planning des tâches de ce dernier ainsi que la liste de ses fichiers .

Figure 26 : Liste des projets

> **Ajouter un projet**

Le formulaire présent dans la **[Figure27]** demande la saisie des déférentes informations concernant un projet. Chaque service choisi correspond à une activité et évidemment un chef responsable sur chacune. Si les deux sont sélectionnées l'administrateur se doit marquer la date de livraison du site qui informera sur la fin de l'activité de développement et le commencement de l'activité de référencement.

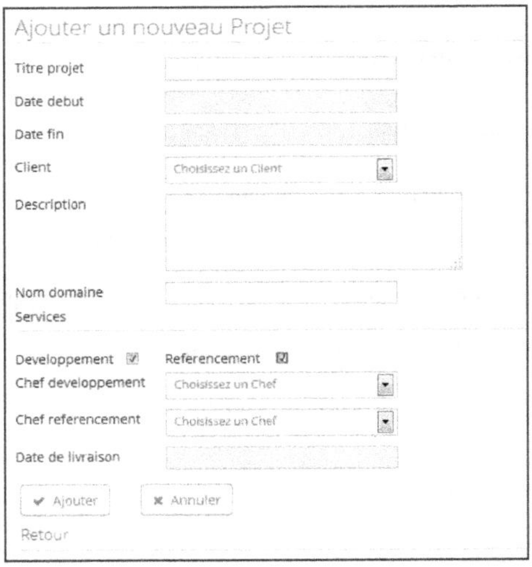

Figure 27: Formulaire d'ajout d'un nouveau projet

61

➤ Consulter les détails d'un projet

Cette interface informe sur les détails du projet notamment l'équipe travaillant sur ce celui-ci. La barre de progression ci présente, donne un aperçu global sur l'avancement du projet. A travers le menu, il est possible d'accéder aux différentes activités du projet [Figure28].

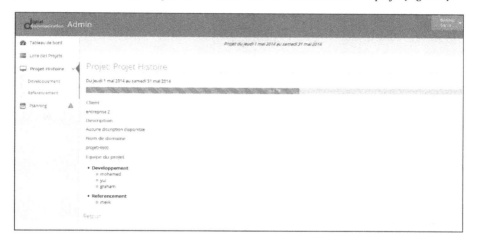

Figure 28: Consultation détail d'un projet

➤ Consulter les détails des activités

Cette interface affiche les détails de l'activité ainsi que la liste des tâches comprises dans celle-ci. Le menu ci présent offre la possibilité de modifier le chef de chaque activité et aussi de les gérer. Dans le cas ou un projet contient une seule activité le système donne la main à l'administrateur de rajouter une autre activité (Développement ou Référencement selon l'existant). Dans le cas contraire (le projet comprend deux activités) le système donne la main de supprimer une des activités [Figure 29]. Mise à part la gestion des activités, l'administrateur ou le chef de projet est en mesure de consulter les détails de chaque tâche une cliquant sur ⊕ comme il à la main aussi de gérer ces dernières par ajout, -soit en cliquant sur le bouton « Ajouter tâche » soit en y accédant directement à partir du menu- par modification ✎ ou par suppression 🗑 . L'historique des tâche est aussi accessible à travers l'icône 🗃 . Le bouton YES permet de changer le statut de la tâche (Ouvrir ou Fermer).

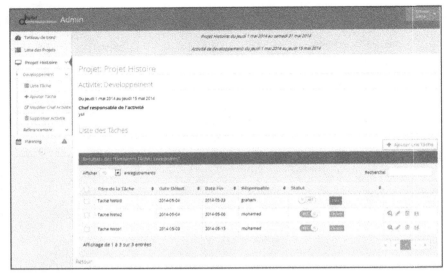

Figure 29: Consultation détails d'une activité

➤ Consulter les détails des tâches

A travers cette interface **[Figure30]** l'utilisateur essentiellement peut changer le taux d'avancement de la tâche à laquelle il été assigné.

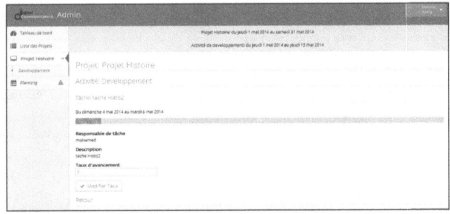

Figure 30: Consultation détail d'une tâche

> ### Consulter du planning général

Le planning représenté dans la **[Figure 31]** affiche l'ensemble des tâches de tous les projets en cours ou prévus pour une prochaine réalisation. En cliquant sur une tâche les détails de celle-ci sont affichés avec une possibilité de changer le titre de la tâche ainsi que description comme on peut aussi la supprimer **[Figure 32]**. Il faut aussi préciser qu'au niveau de ce planning, les tâches sont déplaçables et redimensionnables. En cas de manipulation non autorisé (dépassement des bornes du projet) Un message d'erreur est affiché.

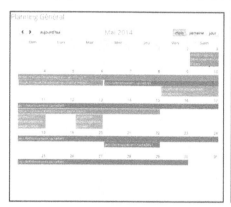

Figure 31 : Planning Général   Figure 32 : Consultation de la tâche du planning

> ### Consulter la liste des fichiers

Cette interface **[Figure 33]** affiche la liste des fichiers incluent dans un projet. Elle permet aussi aux chefs de projet le téléchargement de documents depuis leurs postes ainsi que le droit de consultation pour les utilisateurs travaillant sur ce projet.

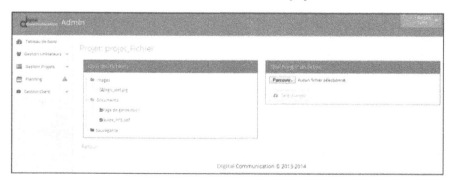

Figure 33: Consultation de la liste des fichiers

Conclusion Générale

A l'issue de ce stage, qui nous a été très bénéfique en matière d'acquis techniques, et après une première expérience dans un domaine riche et complexe qu'est le développement des applications Web, deux aspects essentiels sont à mettre en évidence :

Dans l'évaluation d'un produit informatique l'aspect positif consiste à ce que cette évaluation ne dépende pas exclusivement de la facilité d'utilisation du produit mais aussi, elle doit tenir compte de la difficulté du problème à résoudre ainsi que de la quantité de travail que nécessite la réalisation de ce produit : documentation, spécifications, programmation, tests…

La conduite de tout projet informatique doit être organisée de façon telle que les moyens et les coûts soient bien gérés, ce qui nécessite une planification rigoureuse :

> ➢ Définition de l'architecture du système.
> ➢ Identification et ordonnancement des tâches associées aux différentes phases de réalisation.
> ➢ Mise en place de repères d'avancement du travail…

Ce projet de fin d'étude « Conception et développement d'une plateforme de gestion de projets » a été consacré au développement d'un système de gestion de projets privilèges au sein de « Digital Communication » insistant dans sa première phase sur la gestion des tâches, la gestion des utilisateurs, la gestion des documents, et enfin la gestion des droits et.

L'aboutissement et le résultat de ce projet furent observés sur plus qu'un degré. Le premier degré, qui est le plus apparent, est le fait d'avoir eu l'occasion de confronter l'acquis théoriques à l'environnement pratique au niveau de la programmation Orienté Objet, PHP et Framework Symfony2, le système de gestion de base de données MySQL, ainsi que l'utilisation d'UML comme langage de modélisation. Tout ceci nous a encouragés à tendre vers l'approche autodidacte afin de diversifier nos connaissances pour des meilleures compétences polyvalentes.

Le deuxième degré nous a permis d'approfondir nos connaissances dans le domaine de la gestion de projet en prenant conscience des différentes questions organisationnelles à soulever pour pouvoir ainsi définir proprement les besoins adéquats avant de se lancer dans les phases suivante.

Perspectives

Cette Plateforme définie certainement les besoins globaux exigés par la société qui facilitent la gestion de projet et rapportent un gain de temps important à travers la gestion des utilisateurs, de leurs tâches, du planning des projets et notamment le partage de documents. Toutefois,   Celle-ci n'étant pas finalisé à 100% requière en sa deuxième phase d'autres fonctionnalités plus avancées dont nous citons :

- ➢ La gestion de mailing,
- ➢ La création d'un espace de discussion,
- ➢ La mise en place des statistiques,
- ➢ L'activer du service de Reporting,

De ce fait, une nouvelle étude sera prise en charge sur chacun des aspects mentionnés si dessus, une planification ainsi qu'une définition des besoins exacts sera mis en place.

Nétographie

[1] : Les logiciels de gestion de projet :http:// diuf.unifr.ch /main /files/documents/ student-projects /S-2012_David_Chenaux.pdf

[2] :Generalité sur la gestion de projet : http:// www.commentcamarche.net /contents/ 988-gestion-de-projet

[3] : Etude comparative des différents Framework PHP :http:// socialcompare.com /fr/comparison /php-frameworks-comparison

[4]:Symfony2 : http://fr.openclassrooms.com/informatique/cours/developpez-votre-site web-avec-le-framework-symfony2

[5] : I-Logix (société de Harel): produit Rhapsody, http://www.ilogix.com

[6] : Object Constraint Language, http://www.software.ibm.com/ad/ocl

[7] : Les architectures des sytèmes informatique : http://www-igm.univ-mlv.fr/~dr/XPOSE2001/perrot/Intro-Comparatif.htm